NOTICIAS
que marcaron la historia

Tamara Leigh Hollingsworth

Consultores

Timothy Rasinski, Ph.D.
Kent State University

Lori Oczkus
Consultora de alfabetización

Basado en textos extraídos de
TIME For Kids. *TIME For Kids* y el logotipo
de *TIME For Kids* son marcas registradas
de TIME Inc. Utilizados bajo licencia.

Créditos de publicación
Dona Herweck Rice, *Jefa de redacción*
Conni Medina, *Directora editorial*
Lee Aucoin, *Directora creativa*
Jamey Acosta, *Editora principal*
Heidi Fiedler, *Editora*
Lexa Hoang, *Diseñadora*
Stephanie Reid, *Editora de fotografía*
Rachelle Cracchiolo, *M.S.Ed.*,
   Editora comercial

Créditos de imágenes: Tapa, pág. 1:
Getty Images; págs. 44–45: Jeff Widener/
Associated Press; pág. 13: dominio público;
págs. 4–5, 7, 32–33 (arriba), 34–35, 38–39,
42 (izquierda), 44–45 (arriba), 48–49, 49
(arriba), 50, 50–51, 53 (tercera desde arriba),
54, 55 (derecha): Getty Images; págs. 9
(abajo), 10, 16, 17 (centro), 20, 28 (arriba),
30, 33 (abajo): The Granger Collection;
págs. 11, 12, 17 (arriba, abajo), 18–19,
23–24, 26, 28 (abajo), 31–33 (centro), 41
(arriba), 51 (abajo), 53 (arriba, abajo): The
Library of Congress; pág. 8: Massachusetts
Historical Society; pág. 53 (segunda desde
arriba): Picture History/Newscom; págs. 29
(izquierda), 42 (derecha), 42–43, 43: NASA;
págs. 3–4: NOAA; págs. 14–15 (ilustraciones)
John Scahill & Timothy J. Bradley; todas las
demás imágenes de Shutterstock.

Teacher Created Materials
5301 Oceanus Drive
Huntington Beach, CA 92649-1030
http://www.tcmpub.com
ISBN 978-1-4333-7178-3
© 2013 Teacher Created Materials, Inc.
Printed in China
YiCai.032019.CA201901471

TABLA DE CONTENIDO

¡QUÉ NOTICIA!

Existen muchas clases de noticias. Están las noticias familiares, las noticias escolares, las noticias **locales** y las noticias mundiales. Algunas noticias nos ponen felices. Otras nos entristecen o nos preocupan. Hay noticias en todas partes, todos los días. En la actualidad, las personas se enteran de las noticias casi tan pronto como suceden. Resulta fácil estar bien informado.

➤ ¿Cuáles son algunas de las noticias más inolvidables de la historia?

➤ ¿De qué manera la forma en que nos enteramos de las noticias cambia nuestro modo de entender los hechos?

➤ ¿Cómo podríamos recibir noticias en el futuro?

en línea

Noticias

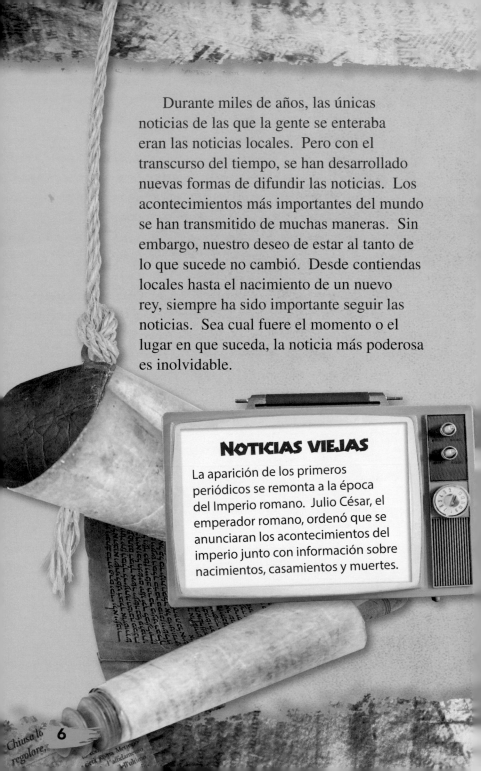

Durante miles de años, las únicas noticias de las que la gente se enteraba eran las noticias locales. Pero con el transcurso del tiempo, se han desarrollado nuevas formas de difundir las noticias. Los acontecimientos más importantes del mundo se han transmitido de muchas maneras. Sin embargo, nuestro deseo de estar al tanto de lo que sucede no cambió. Desde contiendas locales hasta el nacimiento de un nuevo rey, siempre ha sido importante seguir las noticias. Sea cual fuere el momento o el lugar en que suceda, la noticia más poderosa es inolvidable.

NOTICIAS VIEJAS

La aparición de los primeros periódicos se remonta a la época del Imperio romano. Julio César, el emperador romano, ordenó que se anunciaran los acontecimientos del imperio junto con información sobre nacimientos, casamientos y muertes.

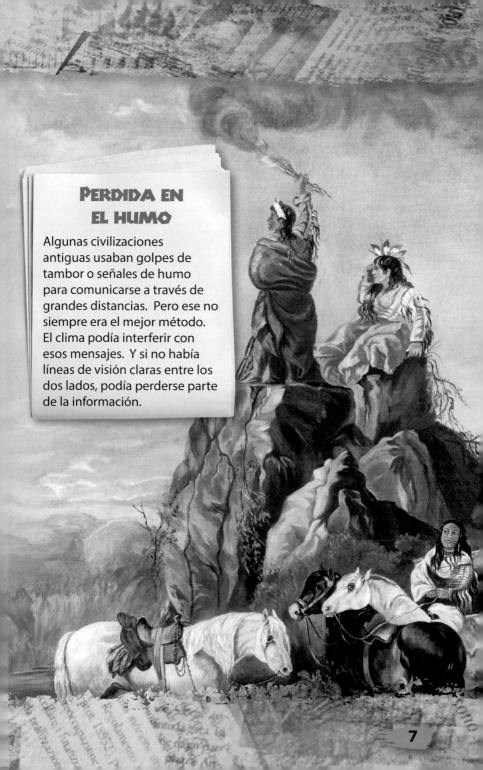

Perdida en el humo

Algunas civilizaciones antiguas usaban golpes de tambor o señales de humo para comunicarse a través de grandes distancias. Pero ese no siempre era el mejor método. El clima podía interferir con esos mensajes. Y si no había líneas de visión claras entre los dos lados, podía perderse parte de la información.

EL PODER DE LA PRENSA

El Teléfono descompuesto se juega con un grupo de amigos. Una persona murmura una noticia a la siguiente persona. La última persona del círculo dice la noticia en voz alta. La parte divertida llega al final del juego, cuando todos escuchan en qué locura llegó a convertirse el mensaje.

Durante el siglo XVIII, las noticias viajaban de la misma manera. Los informes llegaban **verbalmente**, o de boca en boca. Pero las noticias verbales no siempre son confiables. Pueden haber errores si alguien escucha el mensaje incorrectamente. Pueden olvidarse detalles. En el siglo XVIII, muchas personas no sabían leer. Las imprentas existían, pero era difícil usarlas. Había muy pocos periódicos. Las noticias verbales no eran perfectas, pero era la manera más común de enterarse sobre los últimos acontecimientos.

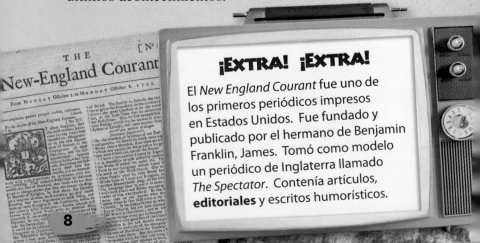

¡EXTRA! ¡EXTRA!

El *New England Courant* fue uno de los primeros periódicos impresos en Estados Unidos. Fue fundado y publicado por el hermano de Benjamin Franklin, James. Tomó como modelo un periódico de Inglaterra llamado *The Spectator*. Contenía artículos, **editoriales** y escritos humorísticos.

¡ARRANQUEN LAS ROTATIVAS!

Antes del año 1440, la mayoría de los libros estaban escritos a mano. En 1440, Johannes Gutenberg fabricó una máquina con tipos móviles que imprimía tinta en una página como una estampa. Antes de la imprenta, la mayoría de la gente no sabía leer. Pero cuando fue más fácil hacer libros, los índices de **alfabetismo** aumentaron en toda Europa.

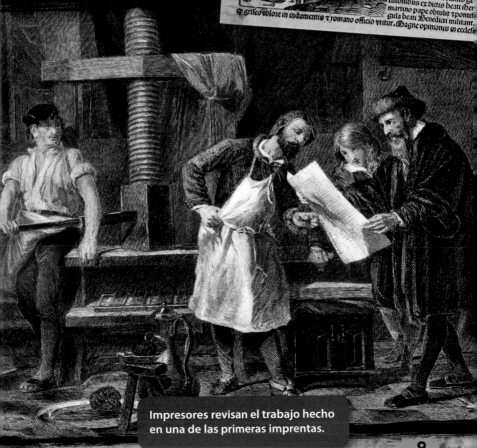

Impresores revisan el trabajo hecho en una de las primeras imprentas.

Luces revolucionarias

Durante la guerra de la Independencia, los colonos transmitían las noticias verbalmente. Los británicos planeaban un ataque sorpresa. Llegarían de Boston. Un hombre esperaba señales de las tropas. Haría brillar una lámpara si las tropas llegaban marchando por tierra. Si llegaban remando por el río, haría brillar dos lámparas. Llevó menos de un minuto identificar la señal. Varios mensajeros partieron para advertir que el ejército británico estaba en camino. El más famoso fue Paul Revere.

REALIDAD VS. FICCIÓN

En la imaginación popular, Revere aparece gritando su advertencia: "¡Llegan los británicos!". La verdad sea dicha, fue golpeando puerta por puerta. Como las personas dormían, es posible que no lo hayan oído si pasó rápidamente por sus casas. Y no quería ser atrapado o capturado por las patrullas británicas, así que evitó llamar la atención con gritos.

HACER SONAR LA ALARMA

El dicho "una si por tierra, y dos, si por mar" corresponde a un verso de una poema famoso. *Paul Revere's Ride* (La cabalgata de Paul Revere) es un poema escrito por Henry Wadsworth Longfellow. El dicho proviene de la sección del poema reproducido a continuación.

LA CABALGATA DE PAUL REVERE.

Prestad atención, hijos míos, y oiréis

acerca de la cabalgata nocturna de Paul Revere,

el día dieciocho de abril del año setenta y cinco;

Ya no existe hombre vivo

que recuerde ese día y ese año famosos.

Él dijo a un amigo: "Si los británicos marchan

en el pueblo por tierra o por mar esta noche,

cuelga una lámpara en lo alto del arco del campanario

de la torre de la Iglesia del Norte como una señal de luz,

Una si por tierra, y dos, si por mar;

Yo en la orilla opuesta estaré,

listo para cabalgar y dar la voz de alerta

Palabras sabias

Fue necesario algo más que transmitir la información verbalmente para que comenzara la guerra de la Independencia. En 1776, Thomas Paine publicó un pequeño folleto de 50 páginas. El **panfleto**, *El sentido común*, exponía las ideas de Paine. Quería que los británicos permitieran a los colonos gobernarse a sí mismos. Era peligroso imprimir estas ideas. Así que Paine publicó el panfleto sin incluir su nombre. Rápidamente se vendieron más de 500,000 copias del panfleto. Ayudó a las personas a comprender las ideas sobre las que se basaba la revolución.

costurera y patriota Betsy Ross, quien muchos creen que confeccionó la primera bandera estadounidense

HACIENDO CORRER LA VOZ

Las palabras de Paine ayudaron a muchas personas a darse cuenta de la importancia de su independencia y persuadieron a los estadounidenses de luchar por su libertad. Más tarde, sus escritos ayudaron al pueblo de Francia a hacer lo mismo.

> “Estas son épocas en las que el alma del hombre es puesta a prueba”.
>
> —Thomas Paine

American CRISIS.

II

NUMBER II.

BY THE AUTHOR OF

COMMON SENSE.

PHI

Printed and S

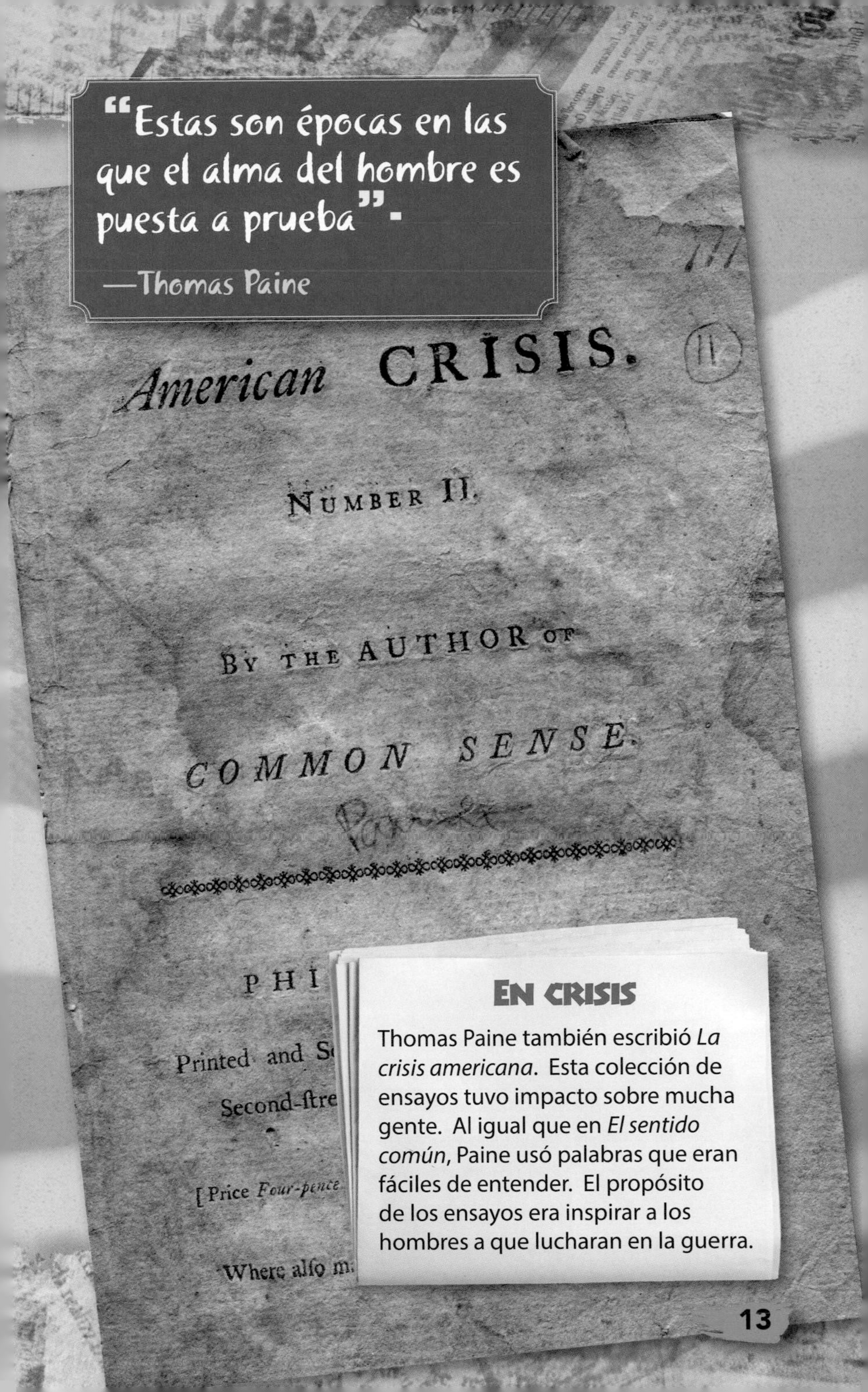

Second-ftre

[Price Four-pence

Where alfo m

En crisis

Thomas Paine también escribió *La crisis americana*. Esta colección de ensayos tuvo impacto sobre mucha gente. Al igual que en *El sentido común*, Paine usó palabras que eran fáciles de entender. El propósito de los ensayos era inspirar a los hombres a que lucharan en la guerra.

LA IMPRENTA

En la actualidad sólo es necesario que presiones algunas teclas para que las palabras aparezcan en la pantalla de una computadora. Aprieta *enviar* y tus palabras pueden enviarse instantáneamente a cualquier persona, en cualquier lugar del mundo. Presiona *imprimir* y tus palabras podrán verse en una hoja de papel. ¡Sorprendente! Hace cientos de años, las personas pensaban que una imprenta era algo sorprendente. Y lo era, comparado con escribir a mano cada copia. Pero no era tan sencillo como con una computadora.

1

Cada imprenta requería cientos de letras, números y signos de puntuación de metal. Cada símbolo se ponía de relieve sobre una pequeña pieza de metal. Se usaban piezas planas para los espacios entre las palabras.

2

Las letras se disponían en una hilera en una bandeja angosta. Cada línea de texto se colocaba en un marco para ser impresa. Se untaba tinta negra sobre las zonas en relieve de cada pedazo de metal. Una vez que las letras y la tinta estaban listas, se deslizaban en la imprenta.

La imprenta normal era casi tan grande como una cama individual.

3

Un bloque pesado se giraba sobre el papel. Apretaba las letras de metal en el papel para transferir la tinta. Podían hacerse muchas copias. Cuando se completaba una sección, cada letra se limpiaba y volvía a utilizarse para formar nuevas líneas de tipos.

LA LUCHA POR LAS PALABRAS

Hacia mediados del siglo XIX muchas cosas cambiaron acerca del modo en que las personas recibían información. La información de boca en boca ya no era lo común. La imprenta se había convertido en el mejor modo de compartir las noticias. Era un método fácil y barato. Los periódicos se podían imprimir todos los días. Sin embargo, los reporteros aún tenían problemas para viajar. En la mayoría de los casos, los periódicos solamente cubrían los acontecimientos locales. Durante la guerra de Secesión, la gente buscaba las noticias para poder entender los acontecimientos que ocurrían en toda la nación. Las cartas y los libros ayudaban a la gente a formar su opinión sobre la guerra.

partitura de la guerra de Secesión

NORTE O SUR

Durante la guerra, los estados del sur formaron la **Confederación**. Esos estados querían separarse del país. Los estados del norte se llamaban la Unión porque querían que el país permaneciera unido.

DIXIE DOODLE.

A SONG,

Written, Composed and Dedicated to

"Our dear Soldiers on the Battle Field,"

BY

Margaret Weir.

NEW ORLEANS:
PUBLISHED BY P. P. WERLEIN & HALSEY.

$150 REWARD

RANAWAY from the subscriber, on the night of the 2d instant, a negro man, who calls himself *Henry May*, about 22 years old, 5 feet 6 or 8 inches high, ordinary color, rather chunky built, bushy head, and has it divided mostly on one side, and keeps it very ni... ...hed; has bee...

...make his es... ...haps he may... is handy in a... cassinett coa... clothing. I v... one hundred... of this State,... again.

EL QUID DE LA CUESTIÓN

La esclavitud fue una de las cuestiones principales de la guerra de Secesión. La mayoría de los estados del norte se oponían a la esclavitud. Eran **abolicionistas**. La mayoría de las personas de los estados del sur apoyaban la esclavitud.

July, 1861.

1st. Our Angel Boy was put away to rest just before u went down. At 5 O'Clock, P. M., Bishop Mc.Gill read ...yers of the Church for the burial of children, in the pan... Mrs. Duval's, and afterwards made a most beautiful discourse ... subject of infant baptism. My wife was not present. I down stairs. Mrs. President L... Mrs. Cap... Gol. Johnston, Mrs. McLean, Mrs. Major Blair, ... house, and a few, friend... Chilton. Captain William... ...e the pall bearers. ...t up with our infant's bo... ...went up to Mrs. Nelson's aft... At nig... ...so, has ...

Wednesday, 31st. My wife and I spent a ... and then returned home, where we have s... Great numbers of sick, wounded, a... North, and numbers of our sick and m... brought down, and cared for in variou... houses in this City. ...how... Maj. Larkin Smith, was ...

UNION!

Las cartas y los diarios fueron una forma importante de reunir información durante la guerra de Secesión.

Una historia poderosa

En 1852 se publicó *La cabaña del tío Tom*. Harriet Beecher Stowe, su autora, quería terminar con la esclavitud. Escribió el libro para ayudar a difundir sus ideas. La novela trataba sobre la vida de un esclavo llamado tío Tom. El libro ayudó a la gente a comprender la difícil vida de los esclavos. Al igual que el panfleto *El sentido común*, la impresión de *La cabaña del tío Tom* ayudó a cambiar el mundo. Abraham Lincoln dijo que fue la novela que "dio comienzo a la Gran guerra".

Harriet Beecher Stowe

"Ha habido grandes sociedades que no usaron la rueda, pero no existieron sociedades que no hayan contado historias".

—Ursula K. LeGuin, escritora

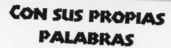

Con sus propias palabras

El *Relato de la vida de Frederick Douglass* fue escrito por Frederick Douglass, un hombre que escapó de la esclavitud. Escribió sobre su vida para que otros pudieran ver cómo era ser esclavo.

El presidente Abraham Lincoln escucha a Frederick Douglass

Escribir a casa

Antes de que existieran los televisores o las radios, las cartas eran una manera común de compartir noticias. Las historias que se contaban eran personales. Durante la guerra de Secesión, las personas dependían de las cartas para recibir noticias de la guerra. Sin embargo, el papel era caro. Y durante la guerra, había poco dinero extra para gastar. Así que las cartas eran escasas y esporádicas. Los familiares esperaban ansiosos el correo. Tenían la esperanza de recibir noticias de los seres queridos que habían ido a la guerra. Algunas cartas estaban cargadas de palabras de pasión y esperanza. Otras eran **pesimistas** y tristes.

Hoy, en el Museo Postal Nacional en Washington, D.C. se exhiben algunas cartas del tiempo de la guerra de Secesión, que ofrecen una visión de las vidas y los sentimientos de los estadounidenses durante esta difícil época.

CARTAS DE AMOR

El servicio de correo durante esta época no era tan **constante** como lo es en la actualidad. La gente a menudo esperaba semanas para recibir noticias de sus seres queridos.

Permanecer en contacto con el hogar parece aún más importante durante las épocas de guerra, como muestran estos soldados durante la Primera Guerra Mundial.

BANDERA DE TREGUA

Durante los peores días de la guerra, la entrega de correo se vio interrumpida oficialmente en los estados sureños. Pero la gente estableció el sistema de la bandera de la **tregua**. La bandera era una señal de que los carteros no participaban en la lucha. Así, la gente podía seguir escribiendo y comunicándose entre sí.

CUENTOS DE VIAJEROS

Los agricultores propietarios de grandes parcelas de tierra vivían lejos de las ciudades. Ellos aún dependían de las noticias verbales. Cuando los predicadores o los vendedores itinerantes llegaban de visita, los agricultores recibían noticias de todos los lugares que los hombres habían visitado.

CARTAS DE LA GUERRA DE SECESIÓN

Conocemos las batallas, las muertes y las armas de la guerra de Secesión. Sin embargo, a través de las cartas también sabemos cómo era vivir en época de guerra. Cada carta cuenta una historia diferente sobre cómo era la vida durante la guerra. Actualmente esas cartas son **artefactos**, y están bien guardadas en los museos de todo el país. Pero la belleza de la palabra escrita es que puede recrearse para que otros la lean.

CARTA DEL POETA WALT WHITMAN AL MATRIMONIO S. B. HASKELL

Washington, 10 de agosto de 1863

Estimados Sr. y Sra. Haskell:

Queridos amigos, pensé que les tranquilizaría leer algunas líneas sobre los últimos días de su hijo Erastus Haskell de la unidad 141.° K de los Voluntarios de Nueva York. Escribo con prisa, y no es nada importante; sólo pensé que les gustaría recibir cualquier tipo de información sobre Erastus. Desde el momento en que llegó al Armory Square Hospital hasta que falleció, no hubo día en que yo no estuviera con él en algún momento del día, si no era durante el día era por la noche. No tuve oportunidad de hacer mucho, o de hacer nada por él, ya que nada se necesitaba, solamente esperar a que su enfermedad avanzara. Yo soy sólo un amigo que visita a los soldados heridos y enfermos (no estoy relacionado con ninguna sociedad ni Estado). Desde el principio me di cuenta de que Erastus corría peligro, o al menos su estado era mucho peor del que suponían en el hospital. Como él no se quejaba, ellos quizá [creyeron que él] no estaba muy mal...

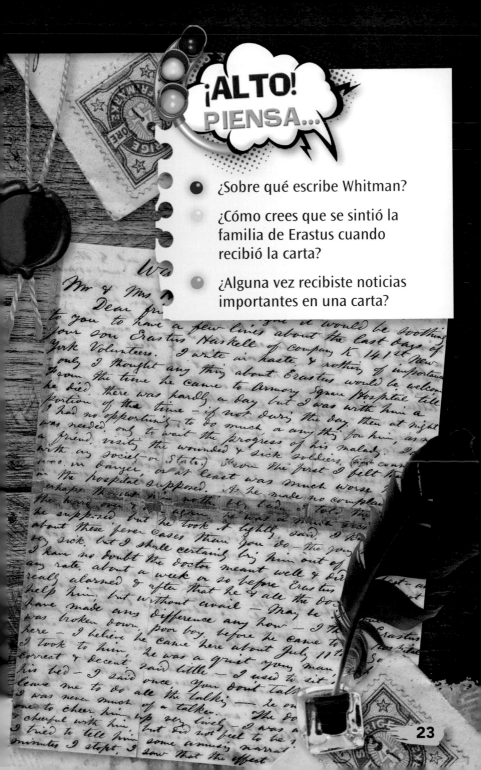

¡ALTO! PIENSA...

- ¿Sobre qué escribe Whitman?

- ¿Cómo crees que se sintió la familia de Erastus cuando recibió la carta?

- ¿Alguna vez recibiste noticias importantes en una carta?

HOLA, MUNDO

Con el invento del telégrafo y del teléfono, la gente ya no tenía que esperar para recibir las noticias. Podían enterarse de los últimos acontecimientos en minutos, a veces segundos. Estas nuevas formas de difundir información fueron **vitales** durante la Primera Guerra Mundial. Los acontecimientos importantes se informaban a los periódicos en telegramas. La gente podía llamar a sus seres queridos. Aun en los peores momentos, el sonido de una voz conocida podía ser de muchísima importancia.

el primer teléfono—inventado por Alexander Graham Bell

La palabra *telégrafo* viene de las palabras griegas *tele*, que significa "distante" y *graphein*, que significa "escribir".

¿QUÉ PALABRA?

Suenan parecidas, pero las palabras *telégrafo*, *teléfono* y *telegrama* se refieren a cosas diferentes. Los *telegramas* son los mensajes impresos que producen las máquinas de *telégrafo*. Los *teléfonos* emiten sonido a través de grandes distancias.

STAL TELEGRAPH

COMMERCIAL CABLES

TELEGRAM

transmits and delivers this message subject to the terms and conditions printed on the back of this blank.

Telegraph-Cable

NTER NUMBER. | TIME FILED.

following message, without repeating, subject ...ed on the back hereof, which are hereby agreed to.

El telégrafo estaba diseñado para recibir y enviar un mensaje por vez.

A toda prisa

En la actualidad, la tecnología es **obsoleta**. Pero durante 150 años, el telégrafo fue una herramienta esencial para la difusión de noticias. En la década de 1920, enviar un telegrama era más barato que hacer una llamada telefónica. Los telégrafos enviaban señales electrónicas a todo el mundo. Los mensajes anunciaban casamientos, nacimientos y muertes. Las noticias importantes, como el desastre del *Titanic*, eran difundidas por telégrafo.

INGENIO RÁPIDO

Cada mensaje se escribía cuidadosamente, de manera que fuera lo más corto posible. La puntuación tenía un costo extra, así que rara vez se usaba. En cambio, la gente usaba *PUNTO* en lugar del signo. Se evitaban los pronombres y los verbos.

un joven mensajero de telegramas

El último telegrama se envió en 2006.

un operador escucha el código Morse

Morse Code

	M	Y	6	
	N	Z	7	
	O	Ä	8	
E	P	Ö	9	
F	Q	Ü	.	
G	R	Ch	,	
H	S	0	?	
I	T	1	!	
J	U	2	:	
K	V	3	"	
L	W	4	'	
			=	

CÓDIGO MORSE

Los militares usaban telégrafos para dar noticias de las zonas de guerra. Los detalles se enviaban por código Morse. El código Morse se compone de sonidos cortos y largos. Cada grupo de sonidos representa una letra. Cuando el que escucha reúne todos los sonidos, se revela un mensaje. Estos mensajes rápidos ayudaban a la gente a permanecer informada sobre la guerra.

27

Teléfonos

En 1876, el inventor Alexander Graham Bell le gritó a su asistente a través del primer teléfono: "¡Watson, venga aquí! ¡Quiero verlo!" Estas sencillas palabras cambiaron las vidas de muchas personas. Ahora la gente podía usar el teléfono para difundir las últimas noticias.

Los teléfonos nos ayudan a mantenernos en contacto con los amigos a través de grandes distancias. Y podemos llamar a otros para hablar sobre las noticias importantes. Después de un desastre, lo primero que muchas personas hacen es llamar a sus seres queridos. Quieren asegurarse de que estén a salvo. Probablemente esa sea la noticia más importantes para muchas personas.

En marzo de 1876, Alexander Graham Bell hizo la primera llamada telefónica a Thomas A. Watson en la habitación contigua.

En 1915, Bell perfeccionó su invento. Llamó a Watson nuevamente. Esta vez, la llamada fue de la ciudad de Nueva York a San Francisco.

En 2012, un equipo formado por dos personas letonas realizó la llamada telefónica más larga del mundo. ¡La llamada duró más de 54 horas!

En 1969, el presidente Richard Nixon hizo una llamada desde la Tierra al espacio. Llamó a los astronautas que acababan de pisar la Luna.

AHOY C. HOLA

Alexander Graham Bell pensó que "Ahoy" era el saludo ideal al responder el teléfono. Pero Thomas Edison, otro gran inventor, instó a las personas a utilizar "Hola" en cambio.

NOTICIAS DE RADIO

Los periódicos informan sobre los acontecimientos de todo el mundo. La información incluye política, moda, deportes y noticias locales. Las noticias más importantes están en la primera plana. Los titulares están diseñados para llamar la atención del lector y hacer que compren un periódico.

Durante años, el periódico fue el rey. Más tarde, la radio agregó otra dimensión a la historia. Los programas de radio no tenían imágenes como los periódicos. Pero las historias se sentían más emotivas. Podía percibirse felicidad, emoción, tristeza o miedo en la voz de una persona.

¡LEAN LAS ÚLTIMAS NOTICIAS!

Los periódicos solían imprimir ediciones "extra especiales" durante los grandes acontecimientos, como una elección presidencial o una guerra. Los repartidores de periódicos en las esquinas de las calles trataban de llamar la atención de la gente al grito de "¡Extra! ¡Extra! ¡Lean las últimas noticias!".

SEÑAL PODEROSA

En 1938, el programa de radio *La guerra de los mundos* presentó una serie de boletines informativos falsos sobre una invasión extraterrestre. Al principio del programa se anunció que los boletines no eran reales. Pero muchas personas sintonizaron la radio más tarde. Esas personas creyeron que todo era verdad. Se dejaron llevar por el pánico. Algunas cargaron armas para protegerse de los extraterrestres. Otras se escondieron en sus sótanos.

una radio antigua

En sus comienzos, los periódicos tenían una sola página. En 1690, el primer periódico que tuvo más páginas disgustó a los lectores y cerró después de una sola impresión.

¿Qué es el titular?

Millones de personas comenzaron a leer periódicos durante la Primera Guerra Mundial. Y después de la guerra, la gente siguió leyéndolos para mantenerse actualizada sobre los acontecimientos importantes. Una de las noticias más importantes comenzó el 29 de octubre de 1929. La gente la llamó "martes negro". Se perdieron miles de millones de dólares en la **bolsa**. Personas de todo el país perdieron dinero ese día. Muchas empresas debieron cerrar sus puertas. Así, enormes cantidades de personas perdieron sus empleos. La gente no tenía dinero suficiente para comprar alimentos. Los titulares informaban sobre las últimas noticias con letra grande y destacada. La **Gran Depresión** fue una noticia importante durante muchos años.

TORMENTAS NEGRAS

Al principio, la Gran Depresión incluyó solamente a las personas de las ciudades. Pero lamentablemente, al mismo tiempo los agricultores fueron destruidos por una sequía que azotó a la mitad del país. La falta de agua duró varios años. Y los intensos ventarrones empeoraron esta situación. Las tormentas de polvo eran tan terribles que la gente las llamaba "tormentas negras". Los testigos dijeron que convertían el día en noche. Hacia 1940, dos millones de personas se habían visto obligadas a abandonar sus hogares.

BROOKLYN DAILY EAGLE
And Complete Long Island News
★ NEW YORK CITY, THURSDAY, OCTOBER 24, 1929 ★   32 PAGES

ALL ST. IN PANIC AS STOCKS C
empt Made to Kill Italy's Crown Prince

Hollywood Fire Destroys Films Worth Millions

FEAR 52 PERISHED IN LAKE MICHIGAN, FERRY IS MISSING

PIECE OF PLANE LIKE DITEMAN'S IS FOUND AT SEA

High Duty Group Gave $700,000 to Coolidge Drive

CARNEGIE CHARGE OF PAID ATHLETES

WARDER SOUGHT TO KEEP SEA TRIP

SOMERS NAMED AS HEAD OF NEW

YEARS OF DUST

TLEMENT ADMINISTRATION
es Victims
es Land to Proper Use

OL. LXXIX....No. 26,206.   ★ ★ ★ ★

ICES OF STOCKS CRASH IN HEAVY LIQUIDATION, TOTAL DROP OF BILLIONS

APER LOSS $4,000,000,000

Thyroid Determines if a Man Should Be Flier, Says Dr. Asher

Special to The New York Times.
BALTIMORE, Md., Oct. 23.—
Upon perfect thyroid condition de-
nends an airplane

2,600,000 Shares Sold in the Final Hour in Record Decline.

MANY ACCOUNTS WIPED

But No Brokerage House Difficulties, as Margins Been Kept High.

ORGANIZED BACKING

RECUERDOS PERDURABLES

Los artículos periodísticos y las fotografías muestran cómo fue la Gran Depresión. La gente tenía historias dramáticas para contar sobre sus experiencias. Los periódicos registraban sus historias. Hoy en día, leer estas historias puede ayudarnos a comprender la historia de nuestro país.

Vale más que mil palabras

Se dice que una imagen vale más que mil palabras. La gente sacó muchísimas fotos de hombres y mujeres que regresaban de la Segunda Guerra Mundial. La foto más famosa se tomó en un desfile en la ciudad de Nueva York. Se publicó en un número de 1945 de la revista *Life*. La foto muestra a un marinero besando a una enfermera. Se convirtió en un símbolo de la alegría que sintió la gente al final de la guerra. Cuando la gente vio esa imagen, supieron que la guerra había terminado de un modo mucho más real que si simplemente hubieran leído la noticia.

EL PRINCIPIO Y EL FIN

Los periódicos imprimieron artículos sobre los principales acontecimientos de la Segunda Guerra Mundial. Al informar sobre el bombardeo a Pearl Harbor, ayudaron a convencer a las personas de que Estados Unidos debía participar de la guerra. Aproximadamente dos años y medio más tarde, los periódicos informaron sobre el día D. Fue cuando las Fuerzas Aliadas atacaron por sorpresa las playas de Normandía, Francia. Ese ataque exitoso condujo al final de la guerra.

El final de la guerra se capto en esta poderosa imagen.

INFORME DE PROBLEMAS

En la actualidad, los periódicos no solamente informan sobre los problemas: *están* en problemas. Los periódicos impresos no son tan populares como antes, y luchan por ganar dinero. La gente usa otros medios de comunicación más rápidos para enterarse sobre los últimos acontecimientos. Los periódicos luchan por sobrevivir publicando artículos únicos y reflexivos que no pueden encontrarse en ninguna otra parte.

¡MÁS EN PROFUNDIDAD!

TITULARES DE ÚLTIMO MOMENTO

Ya sea que estén en revistas, *blogs* o periódicos, los titulares son los primeros que lee la mayoría de las personas cuando busca las últimas noticias. Entonces, ¿cuál es el secreto para que todas las miradas se dirijan a nuestro artículo? Mira los siguientes consejos para aprender cómo escribir un titular poderoso que haga que todo el mundo se entusiasme por leer tus últimas noticias.

Compromete a los lectores con un verbo.

¡La escuela sale dos horas más temprano!

Sé directo.

Explica por qué el artículo es útil.

Formula una pregunta que requiera una respuesta.

Cómo ganar un millón de dólares

¿Las mujeres son más inteligentes que los hombres?

Sé breve.

¡La esperanza vive!

Charlas informales

La vida durante las guerras era difícil. Había pocas provisiones de alimento y combustible. Y muchos seres queridos estaban en peligro. Las familias se reunían alrededor de la radio para escuchar las noticias. El presidente Franklin D. Roosevelt se dirigió a los estadounidenses en **discursos** por radio llamados *"Fireside Chats"* (charlas informales). Su intención era aplacar las preocupaciones de la gente. Casi 40 años después, el presidente Ronald Reagan continuó con la tradición. Desde entonces, el presidente ha dado un discurso semanal. En conformidad con los tiempos, el presidente Barack Obama utilizó videodiscursos que pueden verse en Internet.

EL NUEVO TRATO

El presidente Roosevelt tenía un plan para Estados Unidos. Lo llamó el **Nuevo Trato**. Quería que el gobierno ayudara a la gente poniendo fin a la Gran Depresión. Tal como sucede actualmente, la gente no podía ponerse de acuerdo en cómo ayudar al país. Roosevelt utilizó sus Charlas informales para convencer a las personas de apoyar su Nuevo Trato.

RADIO EN TODAS PARTES

Hoy tenemos nuestros programas favoritos de televisión. Antes de que se inventaran los televisores, en los hogares estadounidenses había radios. La gente escuchaba los mismos tipos de programas que actualmente hay en televisión. A algunos les encantaban los programas de noticias, a otros les gustaban las obras dramáticas, la comedia y la música. Entonces, ¿qué cambió? ¡La tecnología, no la gente!

ALERTA AL PÚBLICO

Hoy en día, muchas personas continúan escuchando noticias y entretenimiento en la radio. La radio es también un modo poderoso de enviar mensajes durante las emergencias. Si los canales de televisión o de Internet son destruidos por una tormenta o un ataque militar, las señales de radio pueden seguir anunciando los últimos acontecimientos e instrucciones de seguridad.

EN LA PANTALLA GRANDE

Es difícil imaginar la época en que la televisión y las películas no formaban parte de la vida cotidiana. Antes de la década de 1960, la gente no tenía televisores en sus hogares. No podían introducir un DVD para mirar su película favorita. Sin embargo, podían enterarse de las noticias actuales si visitaban el cine local.

Imágenes en movimiento

Hacia la década de 1890 se inventó el proyector de imágenes en movimiento. Una luz atravesaba una tira de película que giraba en un carrete. Estas imágenes en movimiento se ampliaban en una pantalla para que el público las mirara. Durante la Segunda Guerra Mundial, la gente no tenía televisores en sus hogares. Así que para enterarse de las noticias y entretenerse, la gente iba a ver películas. Los noticiarios se exhibían antes que las películas. Informaban qué sucedía en la guerra. También aconsejaban cómo las personas podían racionar las provisiones en sus hogares y facilitarles la vida a los soldados.

PROPAGANDA

Durante la guerra era importante que los soldados tuvieran lo que necesitaban. Así que las personas debían racionar algunos productos, o renunciar a ellos. El gobierno usaba la **propaganda** para convencer a la gente de que era la acción correcta. La propaganda utiliza imágenes y mensajes emotivos para convencer a alguien de algo.

We are saving you
"YOU save FOOD"

Well fed Soldiers
WILL WIN the WAR

EL PRIMER CINE

Si vivías en Pittsburgh, Pensilvania, en el año 1905, podías pedirles a tu papá y a tu mamá que te llevaran a la gran inauguración del Nickelodeon. Fue el primer lugar construido exclusivamente para exhibir películas. Tenía capacidad para 96 personas. Y podías mirar películas todo el día por una moneda de cinco centavos.

La mirada en el cielo

Hacia 1960, el 85 por ciento de los hogares estadounidenses tenía televisor. Una noche de verano en 1969, las familias se sentaron frente a sus televisores blanco y negro. Esperaban ver algo especial. Las imágenes eran granuladas. El sonido era confuso y difícil de escuchar. Sin embargo, en toda la nación, las personas se sintieron unidas mientras observaban a Neil Armstrong caminando sobre la superficie de la Luna.

VER ES CREER

La llegada del hombre a la Luna habría sido un logro sorprendente en cualquier momento de la historia. Pero si la gente sólo hubiera podido escuchar la información por radio, no habría sido tan memorable. Ver cómo Armstrong caminaba sobre la Luna hizo que el acontecimiento fuera todavía más emocionante. La gente podía imaginar que estaba acompañando a Armstrong de un modo que no habría sido posible con la radio.

UN SALTO GIGANTESCO

Mientras Neil Armstrong caminaba sobre la Luna, también hablaba con la gente en la Tierra. Cuando dio los primeros pasos sobre la Luna, dijo: "Es un pequeño paso para el hombre; un salto gigantesco para la humanidad".

La guerra por televisión

Hacia fines de 1960, la mayoría de los estadounidenses tenía acceso a las noticias de todo el mundo. Disfrutaban la lectura de los periódicos todas las mañanas. A la noche podían ver las noticias en televisión. Y en la década de 1960, las noticias sobre la guerra de Vietnam mantuvo a la gente pegada a sus asientos. Era la primera guerra en ser transmitida por televisión. Los **corresponsales** de guerra informaban directamente desde los lugares de batalla. La gente veía cómo mataban a los soldados ante sus propios ojos. La guerra se sintió más de cerca y fue más importante porque la gente podía observar cómo se desarrollaba por televisión.

PROTESTAS DE VIETNAM

Al ser transmitida por televisión, la guerra parecía conmover personalmente a las personas. Cientos de personas levantaron la voz en contra de la guerra de Vietnam. Hubo muchas marchas y concentraciones. El movimiento de protesta contra Vietnam se convirtió en una de las protestas contra la guerra más grandes de la historia de Estados Unidos. Algunas personas pensaron que había tanta indignación por la guerra de Vietnam debido a la cobertura por televisión.

Manifestantes se enfrentan a la policía frente al Gran Salón del Pueblo en la plaza de Tiananmen, Pekín.

PLAZA DE TIANANMEN

Estados Unidos no es el único lugar que tiene manifestantes. En 1989, un grupo de estudiantes manifestantes ocupó la plaza de Tiananmen en Pekín, China. Reclamaban más derechos. Un hombre se paró frente a una línea de tanques militares. Los periódicos de todo el mundo publicaron una foto de la noticia. Se convirtió en la imagen que impulsó al mundo a pedir a China cambios políticos.

Noticias tendenciosas

En la actualidad, a la gente le fascina la vida de las personas famosas. Por eso, algunos medios informativos se concentran en las celebridades. A los *paparazzi* se les paga mucho dinero para averiguar detalles personales de las personas famosas. Para enterarse de las últimas novedades, a menudo invaden la privacidad de las celebridades. Muchos de estos reporteros están más interesados en ganar dinero que en ser fieles a la verdad. Así que sus historias a menudo son falsas o exageradas.

CASAMIENTOS REALES

Inglaterra todavía tiene una familia real. Y al igual que en cualquier familia, hay casamientos. Estos casamientos reales son eventos espectaculares. En 2012, el príncipe William se casó con Catherine Middleton. Millones de personas vieron su casamiento por televisión. Y más de 72 millones de personas lo miraron en YouTube.

PAPARAZZI

A muchas celebridades no les gustan los *paparazzi*. Piensan que los *paparazzi* llegan demasiado lejos para conseguir las fotografías o la información que desean. Algunos *paparazzi* hacen cosas peligrosas e ilegales para obtener la primicia. Pueden llegar a revisar la basura de una estrella, trepar cercas o perseguir autos para obtener fotografías.

NOTICIAS EN TIEMPO REAL

La gente ya no tiene que esperar un mes, ni siquiera un día, para recibir las noticias. Ahora las noticias se anuncian **en tiempo real**, casi en el momento en que suceden. Los programas de televisión y las páginas web ofrecen noticias las veinticuatro horas del día. Y a medida que la tecnología avanza, las noticias nos llegan de formas exclusivas. ¡Algún día, es posible que las noticias lleguen directamente a nuestros cerebros!

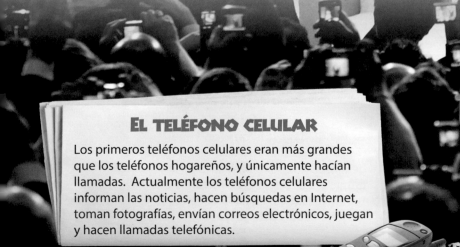

EL TELÉFONO CELULAR

Los primeros teléfonos celulares eran más grandes que los teléfonos hogareños, y únicamente hacían llamadas. Actualmente los teléfonos celulares informan las noticias, hacen búsquedas en Internet, toman fotografías, envían correos electrónicos, juegan y hacen llamadas telefónicas.

CNN

Cable News Network (CNN) fue la primera emisora de televisión las 24 horas en ofrecer noticias en forma exclusiva. CNN fue fundada y comenzó a transmitir en 1980. Tiene su sede en Atlanta, Georgia. El canal se emite en más de 150 países.

11 de septiembre

Una mañana despejada de martes en 2001 un desastre azotó a la ciudad de Nueva York. Las noticias mostraron a los aviones que chocaban contra las famosas torres gemelas de la ciudad. En todo el mundo, la gente observó horrorizada. Poco después los edificios se derrumbaron y una nube de polvo se dispersó por la ciudad.

La gente estaba desesperada por conseguir información. Los aviones habían sido secuestrados por **terroristas** que querían demostrar cuánto odiaban la cultura estadounidense. Ese día quedó grabado en el recuerdo de millones de personas. Pero gracias a las noticias en tiempo real, la gente pudo responder rápidamente.

UN MONUMENTO

Los edificios ya no existen, pero en su lugar se construyó un monumento conmemorativo. Rinde honor a las más de 2,000 personas que perdieron la vida ese día. El museo contiene noticias, fotografías, archivos de audio y video sobre las reacciones de las personas frente a este hecho devastador.

LAS TORRES GEMELAS

Las torres gemelas eran dos edificios de 110 pisos ubicados en la isla de Manhattan. Desde hacía tiempo se consideraba a estos edificios como un símbolo del poder financiero de Estados Unidos. Al destruir los edificios, los terroristas intentaron decir al mundo que Estados Unidos no era tan poderoso como se creía.

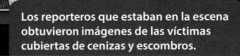

Los reporteros que estaban en la escena obtuvieron imágenes de las víctimas cubiertas de cenizas y escombros.

Redes sociales

En la actualidad, las **redes sociales** se utilizan en casi todos los aspectos de nuestras vidas. Hablamos con nuestros amigos en Facebook. Leemos qué hacen las estrellas de cine en Twitter. Y en YouTube, miramos videos hechos por personas de todo el mundo. Así es como nos conectamos. Y también es así como recibimos gran parte de las noticias.

Los **periodistas** tienen reglas estrictas sobre las cosas de las que pueden hablar. Pero las redes sociales no tienen estas reglas. La gente puede hablar de cualquier cosa que desee. En algunos aspectos es peligroso. Significa que las cosas que no son ciertas pueden ser presentadas como verdaderas. Sin embargo, las redes sociales han ayudado a la gente a compartir noticias en países donde la radio y la televisión están controladas por el gobierno. Los sitios web como Facebook y Twitter incluso han desencadenado revoluciones.

PERIODISMO

A diferencia de los escritores de los sitios de redes sociales, se supone que los periodistas deben escribir sin **parcialidad**. Significa que los periodistas sólo deben informar los hechos y no sus opiniones personales. Eso permite a las personas que leen el artículo recibir toda la información y formar su propia opinión.

FRAGMENTOS SONOROS

Imagina si hubieramos tenido redes sociales años atrás. Unas pocas líneas aquí y allá quizá no hubieran cambiado la historia, ¡pero nunca lo sabremos!

Dr. Martin Luther King, Jr. @MLK_Jr

Espero verlos a todos en mi mitin mañana, 28 de agosto. #Tengounsueño

Paul Revere @on_horseback

¡Hola a todos, llegan los británicos! repostear. #Casacasrojas

Sacagawea @Guides_R_Us

Dirigiéndome al oeste con @Lewis y @Clark. ¡Encontré un excelente atajo! #AtravésdelasRocosas

Amelia Earhart @LadyLindy

Nos quedamos sin gas volando sobre el Pacífico. ¿Alguien puede venir a rescatarnos a esta isla de mala muerte? #Alrededordelmundo

¡MÁS EN PROFUNDIDAD!

BOTÓN DE FALLO

En 2011 se produjo una ola de revoluciones. En muchos países de Oriente Medio y del norte de África, los habitantes se sublevaron contra sus líderes. Exigieron un gobierno nuevo y más justo. Estas revoluciones tuvieron su origen en las redes sociales. Y a diferencia de gran parte de las noticias, las publicaciones en las redes sociales no pudieron ser controladas o recortadas por el gobierno. En lugares como Egipto, significó que los activistas pudieron organizar una revolución. Fue lo suficientemente poderosa como para deshacerse de un gobernante que había dominado injustamente el país durante 30 años.

Las publicaciones en Facebook y Twitter informaron la hora y el lugar de las protestas.

Se compartieron fácilmente videos, fotografías y mapas que mantuvieron a los activistas comprometidos y organizados.

Gracias a todos estos dispositivos, los manifestantes pudieron mantenerse en contacto y reaccionar.

PRONÓSTICO DEL FUTURO

Pueden estar impresas o aparecer en Internet. Podemos escucharlas en la radio o en nuestros teléfonos. Buenas o malas, las noticias nos rodean. Conectan a las personas de todo el mundo. El conocimiento que proporcionan nos otorga poder para cambiar el mundo. Sea cual sea la forma que adopten, siempre habrá noticias nuevas para difundir.

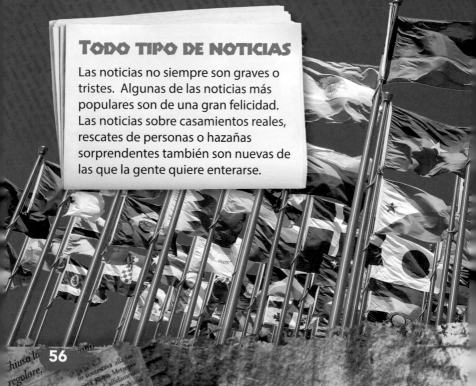

TODO TIPO DE NOTICIAS

Las noticias no siempre son graves o tristes. Algunas de las noticias más populares son de una gran felicidad. Las noticias sobre casamientos reales, rescates de personas o hazañas sorprendentes también son nuevas de las que la gente quiere enterarse.

NOTICIA DE ÚLTIMA HORA

GLOSARIO

abolicionistas: personas que creían que la esclavitud debía ser ilegal

alfabetismo: capacidad para leer y escribir

artefactos: objetos que representaban a personas o períodos del pasado

bolsa: lugar donde cotiza gran parte del dinero de un país

Confederación: nombre dado a los estados sureños que quisieron formar su país durante la guerra de Secesión

constante: regular o confiable

corresponsales: reporteros que suministran noticias desde un país extranjero

discursos: alocuciones que se pronuncian y ofrecen a públicos especiales o en ocasiones especiales

editoriales: artículos en periódicos o revistas que ofrecen las opiniones de los editores o de los directores

en tiempo real: al mismo tiempo en que algo ocurre

Gran Depresión: crisis económica y período de escasa actividad comercial en Estados Unidos y otros países, que comenzó con el derrumbamiento de la bolsa en 1929 y duró la mayor parte de la década de 1930

locales: cercanas a un lugar en especial

Nuevo Trato: las políticas del presidente Franklin D. Roosevelt, desarrolladas para impulsar el crecimiento económico de Estados Unidos tras la Gran Depresión

obsoleta: que ya no se usa o ya no es útil

panfleto: publicación pequeña, generalmente de 80 páginas o menos, sobre un tema en particular

***paparazzi*:** personas que en forma agresiva toman fotografías de personas famosas o escriben sobre ellas

parcialidad: una actitud que favorece una manera de sentir o actuar por encima de otra

periodistas: escritores o editores de periódicos, revistas y programas de noticias en radio o televisión

pesimistas: que ven los aspectos negativos de algo; que siempre esperan lo peor

propaganda: ideas o afirmaciones, a menudo exageradas o falsas, que se difunden para ayudar a una causa

redes sociales: formas electrónicas de comunicación a través de las cuales se comparte información y opiniones

terroristas: personas que usan actos violentos para asustar a otros para lograr un objetivo político

tregua: un acuerdo entre grupos para dejar de luchar

verbalmente: relacionado con la palabra hablada

vitales: de gran importancia

ÍNDICE

BIBLIOGRAFÍA

Dubowski, Mark. *Titanic: The Disaster that Shocked the World!* **DK Readers, 2012.**

Lleno de información y detalles sobre el *Titanic*, este libro sería difícil de dejar de leer. Descubre cómo se enteró el mundo de este terrible desastre.

Ross, Stewart. *The Home Front in World War II (History Through Newspapers).* **Wayland Publishing Limited, 2003.**

En este libro se utilizan artículos de periódicos reales de la Segunda Guerra Mundial para dar vida a este período. Cada artículo te ayuda a practicar la evaluación de las fuentes confiables.

Schwartz, Heather E. *Yourspace: Questioning New Media.* **Capstone Press, 2008.**

No puedes creer todo lo que lees. Aprende a cuestionar a los medios de comunicación y a evaluar mejor las fuentes con las que te cruzarás en la vida cotidiana.

Tarshis, Lauren. *I Survived the Attacks of September 11th, 2001.* **Scholastic Paperbacks, 2012.**

Esta es la historia de un niño atrapado en la ciudad de Nueva York el día del ataque del 11 de septiembre. Acompáñalo mientras busca a su padre, un bombero de la ciudad de Nueva York.

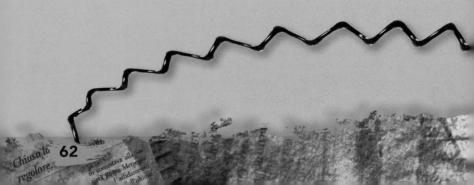

MÁS PARA EXPLORAR

TIME for Kids
http://www.timeforkids.com/news

Permanece actualizado sobre noticias actuales e inolvidables, escritas justo para ti. Tendrás de todo, desde deportes y entretenimientos hasta noticias nacionales y mundiales.

What Happened? The Story of September 11th
http://www.nick.com/videos/clip/nick-news-what-happened-the-true-story-of-september-11th-full-episode.html

Nicknews.com cubrió los hechos de la tragedia del 11 de septiembre. Encontrarás entrevistas de niños y personajes públicos cerca del World Trade Center y comprenderás mejor los hechos ocurridos este día inolvidable.

Fun English Games
http://www.funenglishgames.com/writinggames/newspaper.html

Aprende a escribir un excelente titular de periódico. Lee distintos títulos y decide cómo podría mejorarse el título. Cuando termines, podrás practicar la redacción de tus propios titulares.

How to Learn Morse Code
http://www.learnmorsecode.info/

Recibe consejos y trucos para aprender el código Morse. También encontrarás un video de un niño que aprende a comunicarse totalmente por medio del código Morse.

ACERCA
DE LA AUTORA

Tamara Leigh Hollingsworth nació y se crió en Cupertino, California. Asistió a la Universidad de Hollins, una universidad exclusiva para mujeres en Roanoke, Virginia, donde obtuvo un título en Inglés. Mientras estaba en la universidad viajó por Europa. Durante la mayor parte de su vida desde entonces, ha sido maestra de escuela preparatoria en Inglés. Actualmente reside en Atlanta, Georgia. Cuando no trabaja con sus queridos alumnos, a Tamara le encanta compartir tiempo con su esposo, su hija y sus libros. Todos los días lee un periódico en Internet.